Brief brachten erstaunlich hohe Ergebnisse. Fast alle Adressaten behielten die Taschentücher und bezahlten den Dollar in bar.

Ein Folgebrief enthielt ein reguläres Angebot in hoher Preislage. Denn das Ziel war letztlich nicht, nur imagebewusste Kunden in die Kartei einzutragen, sondern solche herauszukristallisieren, die auch bereit waren, für ihre Imagepflege überdurchschnittlich viel Geld auszugeben.

Hier ist das ungewöhnlichste Angebot, das Sie jemals erhalten haben.

Seit Jahrzehnten ist es bei gutgekleideten, modisch anspruchsvollen Herren Brauch, sich Taschentücher mit ihren Namensinitialen besticken zu lassen. Bis heute mussten diese Spezialanfertigungen extra bestellt werden, was mit erheblichen Mehrkosten verbunden war.

Der Grund hierfür lag darin, dass die vielfältigen Kombinationsmöglichkeiten von Initialen (es sind 630 verschiedene - um genau zu sein) die Lagerhaltung für ein Geschäft unmöglich machten.

Das Resultat war, dass qualitativ hochwertige Taschentücher mit individuell eingestickten Monogrammen zwischen $ 1.-- und $ 1.20 das Stück kosteten. (Ihre Gattin wird Ihnen das sicher gern bestätigen).

Nun hatten wir die Idee, einmal unaufgefordert mit Monogramm versehene Taschentücher (in kostengünsti-geren grösseren Mengen) einem sorgfältig ausge-wählten Kreis von Geschäftsleuten - von denen wir annehmen, dass sie diese günstige Gelegenheit zu schätzen wissen - zuzusenden.

Sie sind einer dieser ausgewählten Herren. Vier Ihrer Taschentücher - speziell für Sie mit Ihren beiden eigenen Initialen versehen - sind beigefügt.

Diese Taschentücher sind von bester Qualität, haben normale Grösse - 40 x 40 cm - und eine hübsche Hohlsaumkante. Sie werden schnell erkennen, dass diese Sorte Taschentücher, bestickt mit Ihren Initialen, an die $ 1.-- pro Stück kosten.

Wenn Sie diese, Ihre persönlichen Taschentücher behalten möchten, senden Sie uns nicht $ 1.- pro Stück, auch keine 70 cent - sondern nur $ 1.-- für alle vier. Stecken Sie den Betrag einfach bar als Banknote oder per Scheck in den beigefügten Umschlag.

Falls Sie jedoch die Taschentücher nicht behalten wollen, geben Sie sie zurück in das beiliegende Kuvert, und schicken alles portofrei retour.

Ist das kein faires Geschäft? Es ist der nach unserer Meinung beste Weg, individuell mit Initialen bestickte Taschentücher vernünftig und preiswert zu kaufen.

Mit den besten Empfehlungen

Ihre Lieferquelle für ungewöhnliche Qualitäts-Taschentücher.

Brief Nr. 3: Verkauf von Investitionsgütern per Versand

Können auch teure Artikel per Versand verkauft werden? Ja sicher - obwohl man zuerst eine Art Werbebrief benutzen sollte, der mit gezielten Fragen die tatsächlich interessierten Personen ermittelt.

Der so selektierte Kreis wird dann solange mit einer Serie von Briefen bedacht, bis sich die gewünschten Aufträge einstellen. Auf diese Weise wurden sogar Yachten im Werte von $ 25'000'000 verkauft.

Zuerst erhielten die Zielpersonen genau abgestimmte Briefe, die wesentliche Fragen und Darstellungen enthielten. Danach bekamen die Interessenten eine Serie von weiteren Briefen, Broschüren usw.. Und wo es möglich war, erfolgte sodann ein Telefonanruf zur persönlichen Kontaktaufnahme.

Dieser Brief war einer der erfolgreichsten Werbetexte um Anfragen für eine $ 2'500 teure Maschine einzubringen. Er wurde an einen ausgesuchten Personenkreis - öffentliche Dienstleistungsunternehmen - geschickt und brachte Interessentenanfragen in bemerkenswertem Umfang.

Als buchstäblich "Millionen" in den
Rinnstein geworfen wurden !

"Die teuersten Rinnsteine der Welt" - wurden damals die Schiffskanäle von 1830 genannt, für deren Bau man 200'000'000 Dollar ausgab und die kurz darauf durch die Erfindung der Lokomotive hinfällig wurden.

Wie hoch würden Sie etwa die Kosten für die heutigen Grabungsarbeiten einschätzen, die von ganzen Arbeiterheeren ausgeführt werden müssen, um für teures Geld gepflasterte Strassen aufzureissen, nur weil einige Rohre, Kabel oder Drainagen darunter verlegt werden sollen?

"Wahrscheinlich müsste man von den teuersten Gräben der Welt reden", weil diese gleichen Löcher für kaum ein Zehntel der Kosten mit einem HydrAugeR gebohrt werden könnten!

Die ganze Arbeit des Pflasteraufreissens, das teure Wiederherstellen des ursprünglichen Zustands können Sie vergessen, wenn Sie sich der neuen Technik bedienen.

Der HydrAugeR bohrt unter der Strasse. Das Gerät macht Löcher in beliebiger Grösse mit einem Durchmesser von 5 bis 30 cm. Es kann auf einer Länge von über 40 Metern bohren und

Millionen-Dollar-Verkaufsbriefe

Millionen verdienen mit einem einzigen Brief

Das Schreiben eines Werbebriefes, der kurz und bündig ist, aber doch alles Wesentliche umfassend erklärt und zum Handeln führt, ist ein Job für Experten.

Robert Collier ist so ein Experte. Als "Meister der Werbebriefschreiber" hat er hunderte von Millionen Dollars in Umsätzen getätigt. Mit allen möglichen Artikeln; Bücher, Regenmäntel, Abonnements, Büromaschinen, Autos, Häuser, Möbel, Haushaltsgeräte usw..

Wir baten Mr. Collir vor einiger Zeit, uns aus den vielen tausend Werbebriefen 15 der besten auszuwählen. Sie finden sie in diesem Report.

Diese Briefe sollen auch Ihnen verkaufen helfen. Wenn Sie sie für Ihre Zwecke einsetzen wollen, ändern Sie nur wenig daran. Denn der Erfolg dieser Briefe beruht in der Wortwahl und im Brieffluss. Aendern Sie wenn möglich lediglich Produktbezeichnungen oder die Dienstleistungsangebote.

Es zahlt sichaus, diese Werbebriefe eingehend zu studieren. Neben dem direkten Einsatz für Ihre Werbung dienen sie Ihnen sicher auch dazu, eigene Werbebriefe nach diesen Erfolgsbeispielen abzufassen.

Brief Nr. 1: Der Trick mit dem unscheinbaren Penny

Auf diesen Werbebrief wurde zur Verbesserung der Wirkung ein neuer Penny geklebt. In Verbindung mit dem Text, erweckte die kleine Münze eine erstaunliche Beachtung.

Diese Idee kann sehr leicht angewendet werden von Banken, Sparkassen, Versicherungen und ähnlichen Unternehmen. Sie wurde auch mit ungewöhnlich guten Resultaten von einer Steuerspargemeinschaft zur Mitgliederwerbung eingesetzt.

Es ist eine wunderbare Sache,
wie aus Geld wieder Geld wird.

Selbst der kleine, unscheinbare Penny - sofern er jede Woche seit Gründung unserer Spar- und Darlehenskasse angelegt worden wäre, würde heute einen Betrag von 75 Dollar ausmachen. Und davon wären allein 50 Dollar Zinsen und Zinseszinsen.

Ein Dollar, jede Woche gespart, hätte sich bis heute zu einem Berg von 7'500 Dollar summiert! Auf diese Weise wächst Geld!

Eine uralte Wahrheit heisst: Alles vermehrt sich nach seiner Art! Pflanzen Sie ein Samenkorn und Sie werden Kornähren ernten. Pflanzen Sie Disteln und Sie werden in reicher Zahl Disteln heranziehen. Pflanzen Sie Geld und nach vielen Tagen kommt Ihr Geld in hundertfacher Vermehrung zu Ihnen zurück!

Welche Ernte möchten Sie nach 10 oder 15 Jahren einbringen? Geld, um Ihren Kindern ein Studium zu ermöglichen oder um ein eigenes Geschäft zu gründen? Suchen Sie Sicherheit? Finanzielle Unabhängigkeit?

Sie brauchen nur Ihr Ziel richtig vor Augen zu haben, um es zu erreichen. Der Preis für 5'000 oder 50'000 Dollar ist lediglich der durch Sparen eingesetzte entsprechende Samen. 5 Dollar jede Woche bei der Spar- und Darlehenskasse gespart, bringen in 13 Jahren 5'000 Dollar. Und 25 Dollar jede Woche wachsen zu 25'000 Dollar an.

Und nun überlegen Sie einmal; denn jetzt kommt das was zählt. Von den 25'000 Dollar werden nur 16'250 Dollar von Ihnen eingezahlt. Der Rest, also 8'750 Dollar ist Wachstum, Vermehrung!

Kennen Sie irgendeinen anderen Weg, um so sicher, so gewiss und billig 25'000 Dollar zu erwerben? Kennen Sie einen besseren Weg, um 25'000 Dollar oder eine beliebige andere Summe zu bekommen und so kleine, wöchentliche bequeme Raten darauf zu zahlen?

Ist Ihnen eine bessere Methode bekannt, bei der Ihr Geld wie ein auf gutes Land gestreuter Samen von Jahr zu Jahr ständig wächst und ohne Wertminderung ein Vielfaches mehr erbringt, als Sie investieren?

Wieviel möchten Sie einsetzen: 1'000, 5'000 oder 25'000 Dollar? Wieviel möchten Sie Ihrem Jüngsten mitgeben, wenn er das College besucht, oder wenn er heiratet, oder ein eigenes Geschäft gründet?

Vor Ihnen liegt der eine, sichere und leichte Weg das Geld dann zu besitzen, wenn Sie es haben möchten. Heute 1 Dollar pro Woche heisst 1'000 Dollar in 13 Jahren. 5 Dollar pro Woche bedeuten 5'000 Dollar.

Wann wollen Sie beginnen - JETZT - HEUTE? Füllen Sie den beigefügten Coupon aus, legen Sie einen Scheck dazu, und senden Sie uns beides mit dem beiliegenden Briefumschlag zu. Beginnen Sie HEUTE mit dem Sparen. Es zahlt sich wirklich aus!

Freundliche Grüsse

Brief Nr. 2: Wie man neue, imagebewusste und
             zahlungskräftige Kunden gewinnt

Dieser Brief hatte zum Ziel, neue Kunden zu gewinnen und diente gleichzeitig als Vorstufe für die Auswahl von imagebewussten und kauffreudigen Versandkunden. Tests mit diesem

schafft zügig etwa einen halben Meter in der Minute. Das kostet Sie nicht mehr als nur 10 bis 30 cent pro 50 cm!

"Vor einigen Jahren entwickelten wir Pläne zum Ausbau von Kanalisationen in einem neuen Stadtgebiet", schreibt die Richland Township Water Co. aus Windber, PA. "Dabei mussten wir auch drei gepflasterte Hauptstrassen durchqueren. Die Auflage sah vor, dass auf der Strassenoberseite kein Pflaster aufgebrochen werden durfte. Insgesamt wurden dreissig oder mehr Durchkreuzungen erforderlich."

"Durch den Einsatz des HydrAugeR war es uns möglich die Arbeit mit einem Minimum an Kostenaufwand durchzuführen. Wir kennen keine bessere und wirtschaftlichere Maschine für diesen Zweck. Mit ihr bewältigten wir die gesamte Arbeit mit weniger als der Hälfte der für die Durchtunnelung veranschlagten Kosten."

Wir können auch Ihnen mehr als die Hälfte Ihrer Arbeitskosten sparen helfen. Dürfen wir Ihnen sagen wie? Ihr Name auf der beigefügten Rückantwortkarte bringt Ihnen mit der Post ausführliche Informationen - ohne jede Verpflichtung für Sie.

Freundliche Grüsse

Brief Nr. 4: Durch eine Gratis-Dienstleistung neue
           Dauerkunden gewinnen

Schrebergärtner wissen, zusammen mit ihren Gartennachbarn, alles über das Gärtnern. Es ist schwierig, mit ihnen ins Gespräch zu kommen. Doch dieser Werbebrief hatte erstaunliche Erfolge. Praktisch jede Bodenanalyse brachte Dauerkunden.

Machen Sie Schluss mit dem
Ärger über kärglichen Rasen!

Lieber Nachbar.

Mit Ihrer geschätzten Erlaubnis würde ich gern einmal eine Analyse vom Boden Ihres Rasens machen, um - auf meine Kosten und mein Risiko - festzustellen, welche Nährstoffe Ihr Rasen benötigt, damit er zu einem kräftigeren, gesunderen und üppigeren Wuchs kommt.

Dabei sollten Sie wissen, dass Sie das keinen Pfennig kostet und zu nichts verpflichtet. Ich führe diese Analyse lediglich zu dem Zweck durch, Ihnen zu zeigen, wie wenig erforderlich ist, um die Beschaffenheit eines Bodens so zu korrigieren, dass ein besseres Wachstum und dickeres Gras erreicht wird.

Sicher wissen Sie, dass ein Boden genauso übersäuert sein kann wie der menschliche Körper. Belassen Sie Ihren Körper in dieser Übersäuerung, sind eine blasse Hautfarbe, Hautausschlag und Krankheit die Folge.

Lassen Sie den Boden Ihres Rasens zu sauer werden, wird das Gras bald blass, welk, sowie voller Unkraut und schädlicher Gewächse. Sobald Sie die Ursache des Übels kennen und die benötigten Substanzen zuführen, kann der unliebsame Zustand sehr schnell wieder korrigiert werden.

Wollen Sie mir gestatten, kostenlos eine chemische Bodenanalyse Ihres Rasens vorzunehmen?

Mr. John Smith aus Jamestown, WA, schrieb dazu:

"Ich hätte es nie für möglich gehalten, dass ein so kleiner Wechsel in der Behandlung des Bodens einen Rasen so schnell aufbauen und regenerieren könnte. Ihre Analyse zeigte uns wie wir es anstellen mussten, um mit unserem Boden ein wahres Wunderwerk an Wachstum zu erreichen."

Ihr Name auf der beigefügten Antwortkarte bringt Ihnen eine unverbindliche chemische GRATIS-Analyse über die Beschaffenheit Ihres Rasenbodens, sowie eine präzise Angabe darüber, welche Mineralien Ihr Rasen braucht, um Mangelerscheinungen zu beheben und ein verbessertes Wachstum zu fördern.

Eine ähnliche Analyse - von einem Chemieinstitut erstellt - würde Sie viel Geld kosten. Senden Sie deshalb die beiliegende Anforderungskarte möglichst UMGEHEND zurück - oder rufen Sie mich an.

Mit freundlichen Grüssen

Brief Nr. 5: Eine 100'000-Mark-Banknote

Um zu zeigen, wie einfach eine bereits anderweitig mit Erfolg angewandte Werbeidee auf Ihr Geschäft übertragen werden kann, hier den in abgeänderter Form angewendeten "Dollarbrief" (siehe Brief Nr. 10).

Oberhalb des Briefkopfes war eine Deutsche 100'000-Mark-Banknote befestigt worden. Ihr Zweck bestand - wie bei dem Dollar - hauptsächlich darin, das sofortige Interesse des Lesers zu erreichen und auf den Briefinhalt zu lenken.

Diese Methode wirkte so gut, dass das "Wallstreet Journal", für das dieser Brief geschrieben wurde, vom erfolgreichsten Abonnenten-Magneten sprach, den man je gehabt habe.

Dürfen wir Ihnen die beigefügte Deutsche Reichsbanknote über 100'000 Mark mit unseren besten Empfehlungen überreichen?

Sehr geehrte Damen und Herren.

Sofern die beigefügte Deutsche Reichsbanknote über 100'000 Mark ausreicht, um 1 Minute Ihrer kostbaren Zeit zu kaufen, möchten wir Sie einmal um Ihre geschätzte Aufmerksamkeit bitten.

Ja, es ist eine richtige Reichsbanknote, heraus-gegeben von der Deutschen Regierung. Vor dem Krieg hatten 100'000 Mark den Wert von $ 23'820 in unserer Währung. Aber zum Zeitpunkt, als diese Banknoten-Sonderausgabe abgelöst wurde, hatte eine 100'000-Mark-Banknote wie diese hier nur noch einen Wert von 24 cent in Gold!

Das machte die unkontrollierte Inflation aus dem Deutschen Geld. In dem Masse, wie neues Geld gedruckt und ausgegeben wurde, sank es im Wert. Dadurch hatte man schliesslich nur noch die Möglichkeit, sein Geld in öffentlichen Anleihen, Sachwerten, Immobilien oder in etwas anzulegen, das im Preis genauso schnell anstieg wie der Geldwert verfiel.

In abgeschwächter Form gibt es ähnliche Entwicklungen immer wieder einmal. Auch unter vollkommener Kontrolle bewirkt eine Inflation, dass der Geldwert sinkt, während die öffentlichen Anleihen, Sachwerte und Immobilien im Wert steigen.

Die Frage ist nun - welche Art von Anleihen ist am meisten von dieser Entwicklung betroffen und welche Auswirkung hat das auf die verschiedenen Wirtschaftszweige?

Bei dieser und anderen Fragen kann das "Blank Street Journal" eine echte Hilfe für Sie sein. Die darin enthaltenen Fakten sind nicht nur aktuell, sondern stammen aus Originalquellen, auf deren Exaktheit Verlass ist.

Doch das ist noch nicht alles. Diese Fakten, die täglich zu Ihnen kommen, werden interpretiert vom Standpunkt des Investors und des Geschäftsmannes und versetzen Sie in die Lage, Ihre Unternehmungen verständig und weitsichtig zu planen.

Das "Blank Street Journal" ist Informationsquelle für zahllose Statistiker, Zeitschriften und Markt-Analytiker. Dabei ist die Information, für die Sie andernorts hohe Gebühren entrichten just die gleiche, die Ihnen im "Daily Blank Street Journal" präsentiert wird.

Die beigefügte Bestellkarte berechtigt Sie zum Bezug der nächsten 50 Ausgaben des "Blank Street Journals" für nur $ 50. Daneben können Sie die ersten fünf Ausgaben kostenlos zur Probe anfordern.

Sollten Ihnen diese 5 Probeausgaben den finanziellen Trend und die damit verbundenen geschäftlichen Notwendigkeiten nicht vollstens aufzeigen, können Sie uns das mitteilen und die Sache ist erledigt.

Wollen Sie einen Versuch wagen? Dürfen wir Ihnen die akkuraten Neuheiten aus dem Herzen des Finanz-Centers unseres Landes jetzt, wo sie am wertvollsten in Ihrem Leben sein können, zuschicken? Senden Sie uns ihre Anforderungskarte jetzt.

Freundliche Grüsse

Brief Nr. 6: Saisonverkauf zur Bereinigung des Restpostenlagers

Saisonverkäufe sind die Plage jedes Geschäftsmannes.

Manch einem Geschäftsinhaber macht sein Restpostenlager Kopfzerbrechen. Er stellt sich die Frage: Wie bereinige ich mein Restpostenlager zu einem Preis, der die Kunden anzieht und dennoch einen annehmbaren Profit abwirft?

Der vorliegende Brief fand zunächst für den Ausverkauf von Büchern Anwendung. Als der Verkauf der "Simonds' War History" abgeschlossen war, hatte man noch einige tausend zurückgekommene oder beschädigte Sets des Werkes vorrätig. Der Preis wurde um 25% reduziert und ein Schreiben mit Ansichtsprospekt und Anforderungskarte verschickt.

Dieser Werbebrief war so zugkräftig, dass die 2000 zur Verfügung stehenden Bücher-Sets alle auf einmal verkauft wurden. Wegen der grossen Zahl der eingehenden Bestellungen konnten sogar noch weitere 8000 Sets an den Leser gebracht werden.

Etwas abgeändert und auf Reisetaschen zugeschnitten, erfüllte der Brief den gleichen Zweck.

790 übriggebliebene Ulster mit einem Riesen-Rabatt!

Sehr geehrter Herr.

Im Rausch und in der Aufregung der letzten drei Monate, in denen wir 21'000 "Warmhalte"-Wintermäntel verkauften, hatten wir keine Zeit, um exakt festzustellen, welche Grössen und Farben im einzelnen abgegeben wurden.

Das Resultat davon ist nun, nachdem sich die Saison ihrem Ende nähert, dass wir uns einem Restposten in allen Grössen und Farben - aber ohne komplette Reihenfolge der Grössen gegenübersehen! So gibt es dunkelgraue, blaue und braun-violett gemusterte Überzieher, die wir in der Vergangenheit durchweg für 235 Dollar verkauft haben. Alles wirklich hübsche Farben, doch wir sind nicht sicher, ob wir die richtige Grösse in der Farbe vorrätig haben, die Sie bevorzugen.

Sie wissen, wie es mit der Übergangsmäntel-Saison ist - wenn die Ulster nicht alle bis Weihnachten abgegeben sind, sitzen wir auf etlichen davon wahrscheinlich noch im nächsten Herbst.

Damit wenigstens einige von ihnen bis dahin übergezogen werden können, haben wir uns entschlossen eine weitgehende Preisreduzierung vorzunehmen. Wir bieten diese eleganten, schön verarbeiteten Überzieher aus feinem, warmen, doppeltgewebten reinen Wolltuch für nur $ 140 an!

Das ist der niedrigste Preis, den wir jemals für diese "Warmhalte"-Ulster Coats gemacht haben. Sie können ruhig einmal versuchen, in Styling, Verarbeitung und Materialqualität gleichwertige Mäntel woanders zu bekommen - Sie bezahlen dafür zwischen 250 und 300 Dollar !

Nur 790 übriggebliebene Mäntel !

Wir haben nur 790 von diesen doppelt gewebten rein-wollenen Übergangsmänteln zu diesem niedrigen Preis abzugeben. Wenn sie weg sind, ist Ihre Chance, bei der Anschaffung Ihres Wintermantels viel Geld zu sparen, leider auch dahin. Deshalb - solange die 790 noch lieferbar sind, können Sie sie als gutsitzende, gutaussehende, Qualitäts-Winterüberzieher zu einem unerhört günstigen Preis bekommen.

Setzen Sie einfach Ihren Namen mit Adresse und den drei gefragten Körpermassen auf die beigefügte Karte und schicken Sie sie an uns zurück. Sie erhalten umgehend einen exakt passenden "Warmhalte"-Ulster frei Haus.

Sie können den Überzieher eine ganze Woche behalten und tragen. Wenn Sie dann, aus irgendeinem Grund den Mantel nicht mehr wollen, senden Sie ihn auf unsere Kosten zurück. Falls Sie jedoch so zufrieden mit dem Mantel sind, dass sie ihn nicht wieder abgeben wollen, senden Sie uns $ 140.--, eben jenen niedrigen Preis, zu dem wir diese restlichen 790 Mäntel anbieten.

Schicken Sie kein Geld. Senden Sie einfach die beiliegende Antwortkarte. Aber tun Sie es gleich, denn diese günstige Gelegenheit, viel Geld zu sparen, kommt so schnell nicht wieder.

Ihre 790-Ulster-Anbieter

Brief Nr. 7: Der sinnvolle Gebrauch eines Werbegeschenks

Wenn Sie einen Fisch fangen wollen, brauchen Sie am Haken einen Köder, den der Fisch gern mag. Wenn Sie eine grössere Anzahl Bestellungen landen wollen, müssen Sie das gleiche Prinzip anwenden.

Ein Geschäftsmann wünschte eine kleine, praktische Reisetasche zu verkaufen. Er versuchte es zunächst auf eine Weise, die nur seinem eigenen Vorteil galt und bekam an die 3 bis 4 Prozent Bestellungen. Weil die Tasche für $ 27.95 verkauft wurde - von denen er 3% für Bestellkosten abrechnen musste - war das ein recht einträgliches Geschäft. Doch er hätte gern Bestellungen im grösseren Ausmass gehabt.

So versuchte er es mit einem Köder. Allen, die die neue Tasche anforderten, bot er einen besonderen Füllfederhalter mit eingraviertem Namen in goldenen Lettern an. Statt 3 oder 4 Prozent Rückläufe brachte dieser attraktive Köder nunmehr Bestellungen von zehn, zwölf und in einigen Fällen sogar vierzehn Prozent ein.

Sehr verehrte Dame, geehrter Herr.

Gestatten Sie mir, dass ich Ihnen einen modernen Füllfederhalter mit Ihrem eigenen eingeprägten Namen überreiche - als Gegenleistung für einen kleinen Gefallen, den ich Sie mir zu erweisen bitte?

Es handelt sich wirklich nur um eine kleine Gefälligkeit, die mühelos zu erfüllen ist.

Wie Sie vielleicht wissen, liegt die Standardgrösse für unsere bekannte "Reisetasche des 20. Jahrhunderts" bei ca. 46 cm. Kürzlich schrieben nun einige Freunde unseres Hauses, dass sie gern eine etwas schmalere Tasche hätten - leichter und billiger, aber doch mit der Strapazierfähigkeit und dem attraktiven Aussehen der bekannten und beliebten "20. Jahrhundert"-Tasche.

Nun haben wir einmal versucht, eine solche bequeme Tasche herauszubringen, eine Tasche, wie sie es nach unserer Meinung bisher noch nie gegeben hat - und bestimmt nicht zu diesem enorm günstigen Preis.

Immer wenn Sie diese Tasche benutzen, werden Sie dankbar für ihr geräumiges Inneres sein. Sie hat Platz für alles, was Sie auf einer Reise benötigen und packt sich äusserst zeitsparend nahezu "von selbst".

Haben Sie je erlebt, wenn Zahnpasta oder Rasiercreme über Hemden und Wäsche auslaufen? Oder wenn der Korken aus einer Flasche kommt und sich der Inhalt über Ihre Kleidung ergiesst? Dann werden Sie sicher die gegen Feuchtigkeit geschützten Innentaschen - versehen mit hochklassigem hygienischen Gummimaterial - zu schätzen wissen. Hier kann keine Nässe durchdringen.

In diesen fünf abgesicherten Innentaschen sind Rasier-Set, Talcum-Puder, Rasierwasser und andere Toilettenartikel sicher aufgehoben.

Auf der anderen Seite finden Sie in voller Länge der Tasche zwei Fächer zur Aufnahme von Hemden, Krawatten, Unterwäsche, Strümpfen und Unterlagen, die Sie auf Reisen benötigen. Diese handlichen Unterteilungen sind zusammenfaltbar und nehmen im Leerzustand kaum Platz ein.

Dadurch können Sie Ihre Reisetasche nicht nur in der Hälfte der sonst benötigten Zeit packen. Sie können auch alle Ihre Utensilien ordentlich verstauen und den ganzen Bodenraum mit Kleidungsstücken und anderen Artikeln bis in den letzten Winkel vollpacken. Damit haben Sie einen umfangreichen Packraum.

Nun schreibe ich einige unserer Kunden an, um deren Meinung über diese neue Reisetasche zu erfahren. Wir nennen sie "Redypakt Bag" (Schnellpack-Tasche), weil sie handlich und für viele Zwecke zu verwenden ist.

Ich wünschte mir nun, dass Sie eine von diesen Redypakt Bags für eine ganze Woche - während Ihrer nächsten Reise - gebrauchen um zu sehen, wie bequem, zeitsparend und hübsch sie ist. Vergleichen Sie sie auch einmal mit anderen Taschen, die Sie vielleicht für $ 50.-- oder $ 80.-- gekauft haben - und dann sagen Sie mir bitte was Sie und Ihre Bekannten davon halten.

Es ist ein kleiner Gefallen, aber er würde mir für die Verkaufsplanung viel bedeuten. Wir wollen demnächst überall im Land eine umfassende Werbeaktion für diese unsere "Redypakt Bags" starten, würden aber zuvor gern Ihre Meinung dazu erfahren.

Ihr auf der beigefügten Antwortkarte bereits eingesetzter Name bringt Ihnen eine "Redypakt Bag" für eine kostenlose einwöchige Benutzung ins Haus. Und dazu natürlich den mit Ihrem Namen versehenen Füllfederhalter.

Sollte Ihnen nach dieser Probewoche die Tasche so gut gefallen, dass Sie sie auch zukünftig verwenden möchten, können Sie sie für $ 27.95 behalten. Falls Sie die Tasche nicht möchten, wäre ich Ihnen dankbar, wenn Sie sie auf unsere Kosten zurücksenden und mir Ihre Meinung dazu mitteilen würden.

Allerdings gilt dieser Sonderpreis nur, wenn Ihre Karte sofort zurückkommt, da Ihr Hinweis wertvoll für uns ist und benötigt wird. Ich bedanke mich schon im voraus für Ihr Entgegenkommen.

Mit freundlichen Grüssen

P.S.: Zusammen mit der Probe-Reisetasche erhalten Sie den modernen Füllfederhalter mit Ihrer Namensgravur. Unabhängig davon, ob Sie die "Redypakt Bag"-Reisetasche behalten oder nicht, möchte ich mir erlauben, Ihnen den Füllhalter als kleines Präsent dafür zu überlassen, dass Sie so freundlich waren, die "Redypakt Bag' auszuprobieren und mir Ihre ehrliche Meinung darüber mitzuteilen.

Brief Nr. 8: Die indirekte Annäherung

Auch ein langer Umweg kann schnell zum Ziel führen, sofern Sie den Leuten eine Idee verkaufen. Wenn wir zu Ihnen kämen und erzählten, dass wir uns freuen würden, Ihren Namen für $ 20.-- im "Who's Who" aufnehmen zu können, würde Sie das wohl zunächst einmal abschrecken.

Es wäre zu offensichtlich, dass der alleinige Grund für diese Namensaufnahme darin besteht, Ihre $ 20.-- zu bekommen. Doch wenn wir uns taktvoll indirekt nähern, haben wir die Chance, beides zu bekommen, die Eintragung und die $ 20.--. Nachfolgend ein wirksames Beispiel für eine solche indirekte Annäherung.

Verehrte Dame.

Darf ich Sie um die Freundlichkeit bitten, mir einen kleinen Gefallen zu tun? Ich versichere Ihnen, dass ich bestimmt nicht zuviel von Ihnen verlangen werde.

Sie wissen sicher, dass seit 34 Jahren die leitenden Damen der US-Clubs jedes Jahr im Generalverzeichnis der Frauenclubs namentlich aufgeführt werden.

In diesem Jahr soll nun festgestellt werden, ob über die leitenden Damen der Frauenclubs eine Biographie im Generalverzeichnis aufgenommen werden soll.

Da Ihre Klubaktivitäten Sie als Repräsentantin für diese recht exklusive Gruppe prädestinieren, möchten wir Ihre Biographie im neuesten "Who's Who" natürlich eintragen.

Für die Eintragung selbst entstehen keine Kosten. Da aber jede Registrierung einen beträchtlichen zusätzlichen Aufwand an Schreibarbeiten, Selektionen und dergleichen erfordert, bitten wir jene Personen, deren Kurzbiographien im "Who's Who" erscheinen sollen, ein Exemplar zu abonnieren.

Damit Ihnen jedoch die Entscheidung hierüber etwas leichter fällt, senden wir Ihnen Ihr Exemplar nicht zum regulären Preis von $ 20.--, sondern mit einem Subskriptionsrabatt von 10%, so dass der Nettopreis bei $ 18.-- liegt. Von diesem Betrag können Sie bei Vorauszahlung noch ein zusätzliches Skonto in Höhe von 2% abziehen.

Wir würden es begrüssen, Ihre Biographie im "Who's Who" aufzunehmen. Füllen Sie deshalb bitte den angefügten Vordruck aus und geben Sie alle Ihre Gemeinschaft betreffenden Verbindungen, Aktivitäten sowie jene persönlichen Daten, die für die Öffentlichkeit interessant sein können, an.

Der beigefügte Umschlag ist bereits frankiert. Wir wären sehr dankbar, wenn Sie uns Ihre Antwort möglichst umgehend zukommen liessen.

Mit freundlichen Grüssen!

Brief Nr. 9: Günstige Gelegenheiten

Jeder Geschäftsmann bietet - zumindest ab und zu - günstige Gelegenheitskäufe an. Und jeder Geschäftsmann behauptet, dass - sofern man die feine Qualität und Beschaffenheit seines Produkts beachtet - man einen günstigen Gelegenheitspreis geboten bekommt.

Aber was jedermann versichert, wird selten geglaubt. Es genügt nicht, wenn Sie behaupten, dass Ihr Preis niedrig und Ihr Angebot besonders günstig ist. Sie müssen den Grund hierfür überzeugend darlegen und beweisen.

Hier nun ein Brief, der durch seine ungewöhnliche Art der Preisreduzierung die Leser äusserst erfolgreich zu überzeugen vermochte und dadurch profitable Bestellungen in beachtlicher Menge einbrachte.

Verehrter Geschäftsfreund!

"Nennen Sie uns Ihren Preis!" - sagte der Hersteller.

Und wir taten es.

Sie wissen, wie das mit den meisten Konfektions-betrieben ist: Acht oder zehn Monate im Jahr arbeiten sie teils mit Überstunden und für den Rest des Jahres besteht Flaute. Und diese Monate fressen ähnlich der ägyptischen Hungersnot das meiste von dem auf, was man in den guten Monaten verdiente.

Wir boten nun einigen solcher Unternehmen die Möglichkeit, während der gesamten schwachen Saison unsere neuen "Carcozy"-Sportanzüge herzustellen.

"Nennen Sie uns Ihren Preis", war die Antwort.

Wir nannten einen Preis. Dieser wurde ohne Wenn und Aber akzeptiert mit dem Resultat, dass wir Ihnen nunmehr für $ 99.99 einen schicken Sportanzug anbieten können, der, wie uns Kunden berichteten, in vergleichbarer Qualität woanders nicht annähernd so günstig zu bekommen ist. Der beigefügte Prospekt vermittelt Ihnen einen Eindruck von der Schönheit und Eleganz dieses luxuriösen Anzuges.

Natürlich können günstige Gelegenheiten wie diese nicht lange aufrecht erhalten werden. Wir erhielten diese Leistung von dem Herstellerbetrieb für drei Monate zugesagt. Deshalb dürfte die während dieser Zeit hergestellte Produktion kaum für unsere mehr als 300 000 Kunden reichen.

Die ausgefüllte, beigefügte Rückantwortkarte bringt Ihnen einen dieser aparten neuen "Carcozy"-Anzüge für eine Woche kostenlos zur Probe! Kein Geld - kein Risiko - keine Verpflichtung. Senden Sie nur die Postkarte.

"Das ist eine unmittelbare Ersparnis von mindestens $ 50.-- für mich."

schrieb John Smith aus Clarksburg, VA, als er seinen bestellten Sportanzug sah.

Die Rückantwortkarte ist auch für Sie so viel wie bares Geld wert. Senden Sie sie jetzt gleich ab!

Auf gute Zusammenarbeit!

Brief Nr. 10: Der Dollarbrief

Hier kommt der mit Abstand erfolgreichste Werbebrief, von dem wir jemals gehört haben - der bekannte "Dollarbrief".

Aufgesteckt am Briefkopf befand sich eine knisternde, neue 1 Dollar-Banknote - also ein richtiger Dollarschein. Dieser Brief erbrachte einen Rücklauf von mehr als 90 Prozent. Der Schreiber des Briefes erzählte uns, dass er von 175'000 verschickten Schreiben über $ 270'000 zurückbekam, zuzüglich 90% von den 1 Dollar-Banknoten, die er den Briefen beigefügt hatte.

Doch das war erst der Anfang. Aus einer Liste von mehr als 150'000 Personen, die die $ 270'000 zurückgesandt hatten, wurden später Abonnements für eine Zeitschrift mit einem Gesamtvolumen von annähernd $ 14'000'000 !

Sehr geehrter Herr Jones.

Anbei finden Sie einen Dollar: Ja, es ist ein richtiger Dollar, hübsch, sauber und neu.

Falls Sie wollen, können Sie ihn behalten, nachdem Sie diesen Brief gelesen haben, obwohl ich nicht glaube, dass Sie es dann noch tun wollen.

Und hier sage ich Ihnen, warum ich das nicht glaube: Ich habe eine Investition von eintausend Dollar getätigt - in die menschliche Natur und in die menschliche Güte. Diese tausend Dollar wurden in tausend Briefen an tausend wahllos ausgesuchte Menschen geschickt.

Ich tat es aus dem Grund, weil ich glaube, dass jedermann in seinem Innersten gütig ist, niemand wirklich herzlos sein kann.

Deshalb ist die Mission eines jeden meiner Dollars, die Dringlichkeit des Bedarfs eindrucksvoll zu machen. Diese tausend Dollar sind meine gezeichnete Summe für das Blank Hospital. Und ich investiere in dem Glauben, dass jeder von Ihnen einige weitere Dollars - wenigstens jedoch einen - zurückbringt.

Damit soll meine Spendenaktion auf wenigstens zweitausend Dollar anwachsen. Vielleicht aber auch auf fünftausend, weil einige von Ihnen fünf, zehn oder mehr Dollar beifügen, wenn Sie meinen Dollar zurückschicken.

Bitte bedenken Sie, beide Dollar - meiner und Ihrer - sollen behinderten Kindern helfen. Werden alle zurückkommen? Wird jeder etwas mitbringen? Sind Menschen in Wahrheit gütig - oder doch herzlos? Habe ich eine gute Investition getätigt? Was ist Ihre Antwort?

Mit freundlichen Grüssen

Anmerkung: Da es in Deutschland keine Dollar-Banknoten gibt, kann man die Aktion mit 5-DM-Scheinen versuchen. Massgebend bei dieser Werbung ist der Grundgedanke. Hier wird an die Menschlichkeit appelliert, an die Ehrlichkeit und das Gewissen.

Brief Nr. 11: Der Verkauf von Sicherheit per Post

Was halten Sie vom Aktien-Verkauf per Post? Millionen von Dollar wurden aus solchen Verkäufen bereits erzielt, und wenn es richtig gemacht wird, kann es eine der billigsten uns bekannten Verkaufsmethoden sein.

Am preiswertesten ist es, wenn Sie an vorliegende Listenadressen einen Erstbrief schicken um herauszufinden, wer an Investitionen interessiert ist. An jene die antworten, können Sie dann eine Reihe fein abgestimmter Anschlussbriefe und Broschüren schicken oder vielleicht einen Telefonanruf tätigen.

Nachfolgend finden Sie einen Brief, der Angebote dieser Art mit ausgezeichneten Resultaten verkaufen half.

Lernen Sie die Industrie kennen, die gegenwärtig
viele der grössten Kapitalvermögen bildet !

Sehr geehrte Damen und Herren.

Seit tausenden von Jahren produzieren Menschen Eisen und Stahl.

Dann leitete ein Mann namens Carnegie durch Kapitalisierung dieser Industrie eine neue Entwicklung ein. Dadurch entstanden einige tausend Millionäre. Menschen, die diesen neuen Trend rechtzeitig erkannten, machten "in Stahl" nahezu über Nacht ein Vermögen.

Seit tausenden von Jahren brauen Menschen Bier. Dann kam es zur Prohibition (Alkoholverbot) und die Industrie musste praktisch ihre Pforten schliessen. Die Brauereien wurden demontiert, die Belegschaften verstreuten sich in alle Winde.

Aber dann änderte Präsident Roosevelt alles mit einem Federstrich. Plötzlich, fast über Nacht, wurde die Nachfrage nach Bier grösser als je zuvor.

Die Aktien der wenigen aktiven, gutausgerüsteten Brauereien erlebten plötzlich einen Höhenflug. In zwei Wochen stiegen sie um 48% im Wert, während der Durchschnitt für andere Papiere bei nur 6,5% lag.

Doch diese Rekordgewinne waren erst der Anfang. Besitzer guter Brauereiaktien konnten (und können) erleben, dass diese Papiere - wie seinerzeit zu Carnegie's Zeiten die Stahlaktien - ständig stiegen. Brauereien in den ersten Tagen nach Aufhebung der Prohibition machten hunderte von Millionären. Die heutigen Brauereien werden sogar noch mehr machen.

Doch da gibt es eine Brauerei, die sich kontinuierlich seit 77 Jahren in der Hand der gleichen Familie befindet. Hierbei handelt es sich um einen vorzüglichen Betrieb mit einem wohlklingenden, guten alten Namen, der sich weitgehend der Aufmerksamkeit der Investoren am Aktienmarkt entzogen hat.

Wir meinen, dass hier sogar schon kleine Kapitalanlagen mehr Profitmöglichkeiten für Ihr Geld bringen, als irgendwelche anderen Angebote, die Sie heute so erhalten.

Dürfen wir Ihnen hierüber mehr erzählen? Bitte fordern Sie mit der beiliegenden Antwortkarte weitere Informationen an.

Mit freundlichem Gruss

Brief Nr. 12: So sichert man sich Anfragen für Broschüren

Wie können Sie am leichtesten herausfinden, für welchen neuen Lehrgang, für welche Bücherreihe und dergleichen sich die Leute interessieren?

Indem Sie einem speziellen Kundenkreis eine kostenlose Werbebroschüre in Aussicht stellen, wodurch nur jene angesprochen werden, die sich für die angebotenen Artikel interessieren. So wurde beispielsweise die "Encyclopedia Brittanica" durch eine Broschüre publik gemacht, die einige Musterseiten und Illustrationen der neuen Ausgabe enthielt.

Collier offerierte ein Büchlein, das mit den Worten des bekannten Dr. Eliot von der Harvard University berichtet, was er bei einer liberalen Erziehung für wesentlich hält. Dieser Auszug weist dann auf Dr. Eliot's Gesamtwerk hin, das allein einen 1,50 m hohen Bücherschrank ausfüllt.

Hier nun ist ein Brief, dessen Text darauf abzielt, Interessenten für das Erlernen der Redekunst zu finden. Er ist einer der erfolgreichsten Briefe, die wir verwendeten und brachte eine Menge Anfragen.

Jetzt zum ersten Mal - und kostenlos:
Das Geheimnis der wirkungsvollen Rede!

Sehr geehrter Herr.

Es würde mich freuen, Ihnen eines der interessan-testen kleinen Bücher, das jemals geschrieben wurde, zusenden zu können. Sie erhalten es mit der beiliegenden Anforderungskarte kostenlos.

Der Titel des Büchleins lautet: "Das Geheimnis der wirkungsvollen Rede". Es wurde von dem wohl erfolgreichsten Redner der Gegenwart - Russell Conwell - verfasst. Als Autor von "Der Schatz im Acker" und mit seinen für junge Leute am College bestimmten Schriften hat er über 4 Millionen Dollar Umsatz gemacht.

Es enthält keine starren Regeln, Floskeln oder Prinzipien, sondern allgemein verständliche, wesentliche Richtlinien, die Conwell in ihren tausenden Erscheinungsformen als wichtig für die öffentliche Plattform ansah. Das Büchlein ist praxisbezogen, es ist anregend - und es ist kostenlos!

Ihr Name und Ihre Adresse auf der beigefügten Karte bringen Ihnen umgehend und mit unseren besten Empfehlungen ein Exemplar von "Das Geheimnis der wirkungsvollen Rede" ins Haus.

Sie werden dieses Büchlein mögen. Es ist eine Kurzfassung, beinhaltet aber doch alles Wesentliche. Immer wenn Sie es lesen, werden Sie deutlicher erkennen, warum Russell Conwell so viele begeisterte Bewunderer hat und warum die Zuhörer an jedem seiner Worte hängen.

Kurzum, wir sind der Ansicht, dass wir diese neue Lehrmethode der freien Rede einigen weitsichtigen Unternehmern und Führungskräften vorstellen sollten. Eine Methode, die so eindrucksvoll und simpel, dabei aber so erstaunlich erfolgreich ist, dass sie das Land im Sturm erobern dürfte.

Senden Sie Ihre Rückantwortkarte deshalb umgehend - noch heute - an uns zurück.

Mit freundlichen Grüssen

Brief Nr. 13: Sport-Anreize - Verkaufs-Anreize

Sportartikel lassen sich mit bemerkenswertem Erfolg per Versand verkaufen, sofern Sie Adressen von Personen bekommen können, die an den verschiedenen Sportarten interessiert sind. Fischfanggeräte, Golfschläger und Bälle, Tennisrackets und eine Fülle anderer Produkte wurden bereits erfolgreich auf dem Postwege verkauft.

Es gibt sogar ein Unternehmen in Baltimore, das per Versand feines Sattelzeug vertreibt und sich damit ein erstaunlich gutgehendes Geschäft aufbaute.

Im folgenden Brief werden grössere Posten Feldstecher angeboten. Die Grundidee des Textes ist aber auch auf Dutzende anderer Produkte für Sportinteressenten anwendbar.

Jetzt rückt alles weit Entfernte in greifbare Nähe;
durch die magischen Augen, die meilenweit sehen!

Sehr geehrter Freund.

Möchten Sie zukünftig Ihre Urlaubs- und Reisefreuden vergrössen und bei Sportveranstaltungen auf dem besten "Logenplatz" sitzen?

Möchten Sie alles, was Sie zu sehen wünschen, auf eine Entfernung von nur wenigen Schritten an sich heranholen - ja Ihre Sehschärfe durch die Kraft von acht magischen Linsen vervielfachen?

Das können Sie: Mit einem ausserordentlichen neuen Feldstecher.

Die Linsen dieses Gerätes geben Ihnen Zehn-Kilometer-Augen - durch die Sie wie mit den legendären Siebenmeilenstiefeln der Kindheit grosse Entfernungen im Nu überbrücken können. Solche Gläser sind für den Jäger eine Notwendigkeit.

Den Touristen oder Reisenden vermitteln sie einen besonderen Genuss und verdoppeln die Freude beim Betrachten von Sehenswürdigkeiten. Für Sportlieb-haber sind sie wie ein Vergrösserungsfenster zum aktuellen Geschehen, so begehrenswert wie der teuerste Platz eines Stadions.

Trotzdem können Sie diese magischen Augen für einen Preis bekommen, der weit unter dem liegt, was ein solcher Einzelplatz kosten würde.

Sicher wissen Sie, dass die besten Ferngläser der Welt in Mitteleuropa kostengünstig hergestellt werden.

Das Resultat davon? Preisgünstige Angebote, wie Sie sie niemals wieder bekommen. Niedrigpreise, die wir auf dem Gebiet der Optischen Gläser nie erträumt und für möglich gehalten hätten. Gegenwärtig liegen die Preise wieder etwas höher und scheinen sich zunehmend zu stabilisieren, doch vor einigen Wochen konnten Sie die besten Tag-und-Nacht-Gläser fast geschenkt bekommen.

Wir hatten uns einen Posten extra-starker Offiziersgläser zum damals günstigen Preis kommen lassen. Ausgerüstet mit besonders grossen Tag-und- Nacht-Linsen, sowie Kompass und Focus-Skala, sind sie die stärksten Feldstecher, die wir in dieser Art und zu einem annähernd gleichen Preis jemals gesehen haben.

Während ich diese Zeilen schreibe, habe ich vor mir auf dem Tisch eines der Gläser stehen. Mit ihm kann ich an einem etliche Meilen entfernt auf einem Hügel stehenden Hochspannungsmast die Drähte so genau erkennen, als würde ich direkt darunter stehen. Auf einem etwa eine halbe Meile von hier stehenden Hochbau kann ich mit dem Glas jede Bewegung der Bauarbeiter beobachten.

Wollen Sie wissen wie das kommt? Diese Gläser wurden für Armee-Offiziere gemacht und müssen deshalb von hoher Qualität sein. Sie sind die einzigen 8-Linsen-Galilei-Feldstecher mit Kompass und Leder-Etui, die Sie für weniger als $ 80.-- bekommen können! Doch für eine kurze Zeit bin ich sogar in der Lage, Ihnen eben diese Gläser für nur 40.-- Dollar das Stück zu überlassen!

Doch nicht nur das. Wenn Sie die beigefügte Karte umgehend zurückschicken, erhalten Sie ein Exemplar - frei Haus - eine Woche kostenlos zur Probe!

Senden Sie kein Geld! Allein Ihr Name und die Adresse auf der beigefügten Karte bringen Ihnen einen dieser extra-starken, 8-Linsen-Offiziers-Feldstecher auf unser Risiko und auf unsere Kosten!

Machen Sie einen Versuch! Vergleichen Sie das Glas mit den besten Ferngläsern, die Sie zu einem weitaus höheren Preis bekommen können. Falls unser Fernglas nicht klarer, stärker und in jeder Hinsicht zufriedenstellender ist, senden Sie es zurück.

Das gilt auch, wenn es Ihnen aus irgendeinem anderen Grunde nicht gefällt. Andernfalls - wenn Sie es behalten wollen - wird es für $ 40.-- Ihr Eigentum und damit zu einer Quelle ständiger Freude und grossen Nutzens.

Wollen Sie sich unter diesen vorteilhaften Bedingungen nicht auch einmal ein Paar "Magische Augen" kommen lassen und ausprobieren?

Schicken Sie die beigefügte Bestellkarte sofort ab, denn eine ähnlich günstige Gelegenheit werden Sie wahrscheinlich nie wieder bekommen.

Mit freundlichen Grüssen

Brief Nr. 14: Druckanwendung

Wollen Sie ein Versandgeschäft gründen? Der unten aufgeführte Brief brachte einem neuen Unternehmen innerhalb der ersten sechs Monate Aufträge im Wert von mehr als 1 Million Dollar ein.

Jedermann ist daran interessiert, sein Geld leicht zu verdienen. Jedermann wünscht sich, verfolgen zu können, wie sein Geld rapide wächst. Wenn Sie den Leser fragen, ob er erleben möchte, wie sein Dollar auf das Hundertfache anwächst, erreichen Sie garantiert sofort seine Aufmerksamkeit.

Sofern Sie ihm dann auch noch beweisen, dass er erlernen kann, solch ein Wunder zu vollbringen, ohne dafür zunächst einen Pfennig zu bezahlen, wird das Interesse sogar hellwach sein. Das Hereinbringen der eigentlichen Bestellung ist dann nur noch eine Formsache.

So bewirkt der nachfolgende Text einen inneren Zwang - der für manche Verkaufsobjekte vielleicht zu gross sein mag - aber für jene, die damit umzugehen wissen, enthält er alle Merkmale eines erfolgreiches Verkaufsbriefes.

Sehr geehrte Damen und Herren.

Möchten Sie gerne miterleben, wie bis zum nächsten März ein Dollar auf sechzig Dollar oder 8 Dollar auf 500 Dollar anwachsen?

Lassen Sie mich erzählen wie:

Ich sende Ihnen innerhalb der nächsten Tage sieben kleine Bücher.

Diese Bücher sind wahrscheinlich mit keinem anderen der Ihnen bekannten Bücher vergleichbar. Warum?

1. Sie handeln über SIE !

2. Sie zeigen Ihnen, dass Sie nur einen kleinen
   Teil Ihrer wirklichen Kräfte und Fähigkeiten
   nutzen - und dass sich im Innersten Ihres
   "sublimierten Wesens", wie die Wissenschaftler

sagen, ein schlafender Riese befindet, der, wenn er erwacht, Sie nahezu über Nacht zu Ruhm

und Glück tragen kann! Ein genialer Helfer, so kraftvoll und so fähig, jeden Ihrer Wünsche zu erfüllen, wie der dienstbare Geist aus Aladins Wunderlampe.

3. Sie sorgen dafür, dass Ihre Wunschträume, Ihre Visionen und Vorstellungen von Glück, Gesundheit und Freude wahr werden. Und zwar nicht in fünf oder zehn Jahren, sondern ab heute, noch in diesem Jahr!

Diese kleinen Bücher sende ich Ihnen - ohne jede Verpflichtung - damit Sie sie für eine ganze Woche auf mein Risiko und meine Kosten wirklich ausprobieren.

Allerdings gibt es hierfür eine Vorbedingung - ich kann Ihnen die Bücher erst senden, wenn ich Ihre Zustimmung dafür bekomme. Dieses Einverständnis erteilen Sie durch Rücksendung der beigefügten besonderen "Vorzugskarte".

Wenn ich Ihnen die Bücher schicke, gibt es für Sie keinerlei Verpflichtung, gleich etwas dafür zu bezahlen. Sie können sie auch ohne Angabe von Gründen wieder zurückgeben. Aber jetzt kommt das Wichtigste von allem!

Falls Sie jedoch den Eindruck haben sollten, dass die 7 Bücher in jeder Hinsicht dem entsprechen, was ich Ihnen zugesichert habe (und das entscheiden Sie allein), wieviel glauben Sie, wäre der angemessene Preis, den Sie dafür zahlen sollten? $ 100.-- ? Oder $ 220.-- oder $ 300.--?

Das entspricht etwa dem, was ein Kurs, der die in den Büchern enthaltenen Kenntnisse vermittelt, kosten würde. Auch selbst dann, wenn jemand nur die Hälfte von dem erreichen sollte, was ich ihm zugesichert habe, wäre das diesen Betrag - und noch einiges mehr - wert!

Doch - falls Sie die Bücher behalten möchten - brauchen Sie mir nicht einmal den regulären Preis von $ 100.-- zu bezahlen. Mein ganz spezieller Einführungspreis für Sie - gültig nur für diese Vorausauflage - beträgt $ 50.--! (Sollten Sie hierfür bequeme monatliche Ratenzahlung bevorzugen, senden Sie mir $ 5.-- pro Monat über zehn Monate.)

Und das ist noch nicht alles !

Wenn Sie innerhalb von 6 Monaten Ihr Einkommen nicht massgeblich erhöht haben, schicken Sie die Bücher zurück und ich bin gerne bereit Ihnen jeden Cent, den Sie an mich bezahlt haben, zurückzuerstatten.

Es gibt also keine Verpflichtung - keine "Haken oder Ösen" in irgendeiner Form. Wenn Ihnen diese Bücher nicht innerhalb von sechs Monaten einen "Goldregen" brachten, sind sie nichts für Sie. Senden Sie sie zurück und Sie erhalten Ihr Geld zurück!

Sie brauchen sich jetzt noch nicht zu einer Zahlung entscheiden, das können Sie später tun. Senden Sie mir nur die Gratis-zur-Probe "Vorzugskarte", mit Ihrem Namen und Ihrer Adresse. Erst dann - nach der Probewoche - nachdem Sie sich zu einem Test entschlossen haben - können Sie mir Ihre Dollars schicken oder die Bücher zurücksenden. Die Kosten übernehme ich in beiden Fällen.

Allerdings sollten Sie die Karte sofort zurückschicken, denn ich habe nur 1'000 Exemplare dieser "Vorausauflage" drucken und numerieren lassen. Erfahrungsgemäss kommen Vorausbestellungen in einem solchen Umfang zurück, dass diese ersten Sets schnell vergriffen sein werden.

Wenn Sie also Ihre verborgenen Kräfte ohne Kosten und Verpflichtung wecken und ausprobieren wollen, sollten Sie die beigefügte Karte heute noch - am besten sofort - abschicken! Auf dass auch IHR Traum wahr werde.

Mit freundlichen Grüssen

Brief Nr. 15: Der Gebrauch des "Sie"-Elements

In den östlichen Staaten der USA gibt es ein Unternehmen, das sein Geschäft mit einem Millionenumsatz auf vier Briefe aufbaute. Diese Briefe wurden Jahr für Jahr immer wieder verwendet. Schliesslich nützten sie sich ab, wurden eine Weile zur Seite gelegt und brachten dann wieder neu eingesetzt weitere gute Resultate.

Alle diese Werbebriefe wurden rund um das für einen Leser wichtigste Objekt aufgebaut - ihn selbst! Nachstehend der erfolgreichste der vier Briefe mit der Einleitung "Wollen Sie mir einige kleine Informationen über sich geben ?"

Sehr geehrte Damen und Herren.

Wollen Sie mir bitte einige kleine Informationen über sich geben - zum Beispiel über Ihre Grösse und Ihr Gewicht?

Ich möchte Ihnen gerne einen unserer bekannten "Regendicht"-Mäntel (extra angefertigt für Geschäftsleute) kostenlos zur Probe zusenden. Bedauerlicherweise kann ich aber kein passendes Exemplar schicken, ohne Ihre korrekte Grösse und Ihr Gewicht zu kennen.

Über 36'000 Geschäftsleute in allen Teilen unseres Landes tragen an regnerischen Tagen bereits jeder ein Exemplar dieser "Regendicht"-Mäntel. Bei den Stücken handelt es sich um eine Art Mäntel, die ein jederzeit gutgekleideter Geschäftsmann im Frühjahr und im Herbst einfach braucht.

Genau genommen handelt es sich um zwei Mäntel in einem - einen perfekten Regenmantel für stürmische Tage und einen gutaussehenden Top-Mantel für die kalten und regnerischen Tage.

Mehr als 36'000 weitsichtige Geschäftsleute und Freiberufler, die den "Regendicht"- Mantel in den letzten zwei Jahren bestellten, zahlten uns dafür Preise zwischen $ 85.-- und $ 130.--.

Nunmehr bieten wir - nur für einen Monat - diese "Regendicht"-Mäntel zum niedrigsten Preis der letzten zwei Jahre, für nur ganze $ 72.-- an!

Aus Ohio schreibt uns Mr. John Jones, Vizepräsident der Blamp Cement Co.:

"Niemals zuvor fühlte ich mich mit einem Mantel so komfortabel und war so zufrieden wie mit dem "Regendicht". Nach einem solchen Mantel habe ich schon seit Jahren gesucht. Ich trage ihn zu allen Gelegenheiten und fühle mich immer tip-top gekleidet."

Das ist nur einer von Hunderten von Briefen, die wir von Menschen bekamen, die diese "Regendicht"-Mäntel bestellten und sowohl über die feine Verarbeitung, den damit verbundenen Nutzen und den günstigen Preis freudig überrascht waren.

Wollen Sie nicht auch einmal Ihre Grösse und Ihr Gewicht auf die beigefügte Antwortkarte schreiben und an uns senden? Dann können wir Ihnen einen der bekannten "Regendicht"-Mäntel - in Ihrer exakten Grösse - postfrei als Paket für eine Woche gratis zum Ausprobieren zuschicken.

Sie können den Mantel eine ganze Woche lang völlig kostenlos tragen. Sollten Sie danach das Gefühl haben, dass das nicht der Mantel ist, den Sie sich schon immer gewünscht haben, senden Sie ihn auf unsere Kosten zurück.

Bedenken Sie jedoch bitte, dass der "Niedrigstpreis des Jahres" von $ 72.-- für den "Regendicht" Mantel nur einen Monat Gültigkeit hat. Deshalb sollten Sie die Karte sofort ausgefüllt an uns zurücksenden. Wir warten schon darauf.

Freundliche Grüsse

www.ingramcontent.com/pod-product-compliance
Lightning Source LLC
Chambersburg PA
CBHW070311190526
45169CB00004B/1586